BETTINE

PREMIER CHANT D'UN POËME

Que vous ne liriez peut-être pas tout entier

SUIVI DE

BOITE A MUSIQUE

PAR

BOUTAREL

PARIS
AMYOT, ÉDITEUR
6, RUE DE SEINE
1876

BETTINE

BOITE A MUSIQUE

PARIS. — Impr. J. CLAYE. — A. QUANTIN et Cⁱᵉ, rue St-Benoît. — [1685]

BETTINE

PREMIER CHANT D'UN POËME

Que vous ne liriez peut-être pas tout entier

SUIVI DE

BOITE A MUSIQUE

PAR

BOUTAREL

PARIS

AMYOT, ÉDITEUR

6, RUE DE SEINE

1876

BETTINE

BETTINE

I

Rien n'est divertissant comme un espoir déçu,
Comme un beau papillon qui court se flamber l'aile,
Prenant pour une fleur le feu de la chandelle,
Et le croyant à lui pour l'avoir aperçu.

Si cet avis n'est pas du goût de tout le monde,
C'était du moins celui d'une certaine blonde
Qui s'appelait Bettine, avait de grands yeux noirs,
Et changeait de toilette et d'amant tous les soirs.

II

Financiers, gens de cour, de ville et de province,
Sportsmen en habits noirs, hussards tout galonnés,
Adroits ambassadeurs aux ruses façonnés,
Seigneurs et hobereaux, humbles sujets et prince :
Il fallait que tout vînt à ses pieds tour à tour,
Les larmes dans la voix, lui chanter son amour,
Frémir de désespoir comme une feuille sèche
Et de ses cheveux d'or réclamer une mèche.

III

Du temps de la guitare, alors qu'Almaviva

Allait sous les balcons gratter ses sérénades,

Sans troubler, paraît-il, le repos des alcades

(Jours bénis des amants! âge heureux qui s'en va!),

Il aurait bien fallu tous les luthiers d'Espagne

Pour suffire aux racleurs qu'elle eût mis en campagne;

C'est vraiment effrayant pour le vieux Bartholo,

Ce qu'elle eût fait vibrer de cordes à boyau.

IV

Mais aujourd'hui la loi, rigide comme l'urne

Où chaque député jette son bulletin,

Malgré vos bons dîners, j'en veux être certain,

Vous ferait arrêter pour tapage nocturne,

Et mettrait sans pitié votre crime au grand jour.

Si de plus votre aïeul était homme de cour,

Ah diable! je vous plains; le cas est par trop grave:

Avec l'impunité la vengeance est si brave!

V

Il fallait que Bettine alors se contentât
De propos amoureux, de musique de chambre,
D'œillades, de billets qui du moins sentent l'ambre,
S'ils n'osent trop parler du pauvre cœur qui bat.
Le genre a détrôné l'antique mandoline;
Mais il nous a laissé les coupes de vieux Chine,
Les bonbons de Boissier, les coffrets de Tahan,
Et tous ces mille riens qu'on offre au jour de l'an.

VI

Aussi l'appartement de l'habile tigresse
Avait-il tout d'abord l'aspect d'un entrepôt.
Grand Dieu! quel ramassis de fleurs, de cache-pot,
De bronzes qui prêchaient l'amour et la paresse,

De magots accroupis et barbouillés de bleu,

De miroirs à biseau d'où jaillissait le feu,

De meubles du Japon, de flacons, de potiches,

De baguiers inondés des pierres les plus riches!

VII

Dès qu'on mettait le pied dans ce salmigondis

De marbre, de velours, de métal et de soie,

A d'étranges désirs le cœur était en proie.

Le Grand Turc aurait pu s'y croire en paradis;

Tous les petits-crevés s'y pâmaient de bien-être;

Les vieux beaux y sentaient leurs souvenirs renaître :

Seule, la majesté qui leur faisait la loi,

S'y possédait assez pour être sans émoi.

VIII

Quoique tout sous ses pas en fût la ritournelle,

Elle savait fort bien y fuir le sentiment,

Et, passé le parfum, jeter la fleur au vent.

Son rêve était complet, lorsque, rieuse et belle,

Elle avait fait briller mille regards jaloux,

Et vu le désespoir tomber à ses genoux.

Avec quelle méthode elle approchait la flamme,

Et savait taquiner le feu d'une pauvre âme !

IX

Mais pourquoi l'en blâmer ? C'est un art merveilleux,

Donnant beaucoup de soins, de fatigue et de peine,

Plein d'ennuis quelquefois sous son manteau de reine,

Et qui devrait toujours trouver grâce à nos yeux.

Si quelque âme en pâtit par-ci par-là, qu'importe?

Le gros du monde en rit, et passe de la sorte

Un temps qu'il pourrait perdre à bien pis, sur l'honneur,

S'il lisait les écrits de votre serviteur ;

X

Ou s'il prêtait l'oreille avec trop de bien-être
Aux propos désolés de quelque chaste voix
Qui, faute de l'amant dont elle aurait fait choix,
S'indigne des erreurs qu'elle ne peut commettre,
S'attriste sur le siècle et sa perversité,
Et sonde avec effroi l'affreuse vérité,
Cause de sa voisine avec la blanchisseuse,
Et sait que son mari ne la rend pas heureuse :

XI

Que souvent le facteur remet chez le portier,
Pour Madame un poulet plié comme un tricorne,
Pour Monsieur, là-dessus plus muet qu'une borne,
Un billet qu'on devine au parfum du papier.

Il en résulterait mille choses fort tristes.
Nombre de braves gens qui courent les modistes
Pour noyer les chagrins dont ils ont le cœur gros,
Lèveraient l'œil au ciel avec de saints propos.

XII

« Quel scandale ! et penser qu'un mari le supporte,
Qu'il le voit clairement et qu'il n'en souffle mot ! »
(Vous devinez assez, je crois, quel est le sot
Qui pour en imposer s'exprime de la sorte.)
« Accepter des aveux, des fleurs, des rendez-vous !
Sans souci du public répondre aux billets doux ! »
(Bien entendu qu'ici l'austère qui se signe,
S'est vu le jour d'avant repoussé comme indigne.)

XIII

« Ah ! dirait un troisième, est-ce avoir du guignon !

Je l'ai crue insensible et froide, un vrai cadavre,
Glacé comme un discours de maître Jules Favre.
Ses yeux, sous de longs cils toujours en capuchon,
Avaient tant de candeur en regardant la terre
Que je n'ai pas osé lui déclarer la guerre.
Bien vite à la rescousse! » — Et sans perdre de temps,
Il court au trébuchet, l'amoureux de vingt ans.

XIV

Or convenez, monsieur, que de semblables choses,
A tout prendre, seraient plus graves mille fois
Q'une femme coquette et qu'un homme aux abois.
Tant pis pour qui se pique aux épines des roses!
Avec les maladroits n'ont-elles pas raison?
Chacun pour se garer s'y prend à sa façon.
C'est à vous de prévoir les traits de Célimène
Et d'éviter le gouffre où la fourbe vous mène.

XV

Remarquez bien d'ailleurs que la plupart du temps
Ses yeux sans y songer vous tiennent sous le charme ;
Que pour se dépêtrer le rire est sa seule arme ;
Qu'il peut être ennuyeux, quand on n'a plus vingt ans,
De se sentir aux flancs une âme trop banale,
Un cœur soir et matin battant la générale ;
Que si vous trouvez bon de faire les yeux doux,
On peut trouver meilleur de se moquer de vous.

XVI

D'abord c'est un moyen de voir au microscope
Ce que les professeurs nomment le sexe fort,
Quoique beaucoup de gens prétendent qu'ils ont tort.
N'est-ce pas le métier que faisait Pénélope ?

Voilà certes une femme image de vertu.

Son mari n'est pas là, peut-être a-t-il vécu,

Elle peut s'en aller à Spa, Luchon ou Bade,

Et s'y lâcher gaîment la douche et la cascade :

XVII

Eh bien ! non, elle reste où nul ne la retient,

Dans Ithaque, île triste, ennuyeuse et maussade;

N'écoutant tout d'abord ni vers ni sérénade,

Barricadant pour tous un cœur qui se souvient,

Elle veut conserver son âme tout entière

A celui qu'elle attend et dont elle est si fière.

« Non, dit-elle, un beau jour mon Ulysse adoré

Me reviendra, bien sûr, à moins qu'il n'ait sombré;

XVIII

« Ou bien que, dans le cours de son trop long voyage,

Il n'ait vu du rond-point de quelque boulevard
Une reine du *sport* qui filait en *dogcart;*
Et que le drôle alors, poursuivant l'attelage,
N'ait rajusté ses gants, ses cheveux, son jabot,
Fixé son pince-nez, mis son cheval au trot,
Et, désir de savoir ce que c'est qu'un bigame,
Oublié pour jamais ses sujets et sa femme. »

XIX

Et là-dessus voilà la folle du logis,
Comme une soupe au lait, qui s'exalte et bouillonne ;
Voilà la pauvre tête en feu qui déraisonne,
Mille regrets cuisants, des pleurs, des yeux rougis,
Un amant qui paraît, un rival qui s'approche,
Des propos attendris déjà... qu'on se reproche,
Mais qui seront bientôt, devant durer vingt ans,
Bénis comme un sauveur qui fait passer le temps.

XX

Par malheur, pour se mettre à cet art difficile
De dire toujours non sans en avoir trop l'air,
Il faut beaucoup d'étude et de tact, et de flair :
Il faut se composer un sourire tranquille,
Pas tout à fait moqueur, mais assez cependant
Pour pouffer des soupirs d'un trop chaud prétendant;
Il faut des nerfs d'acier, une main ferme et sûre,
A l'attaque aussitôt renvoyant la blessure.

XXI

Car ce doit être affreux d'être prise à sa glu.
Vous figurez-vous bien une âme un peu trop tendre
Qui voit, dans les filets qu'elle s'amuse à tendre,
Son rêve aller plus loin qu'elle n'aurait voulu?

Elle croyait saisir un bel oiseau farouche,

Prenant la clef des champs dès que la main le touche,

L'examiner de près et puis le relâcher;

Et voilà que son cœur ne peut s'en détacher.

XXII

Jouer à ce jeu-là, c'est un métier de dupe.

Quel froid l'âme ressent quand on rentre le soir,

Et qu'auprès du foyer il faut seule s'asseoir!

Le regard est distrait, le front se préoccupe.

C'est l'heure du sommeil, qui ne peut pas venir.

On voudrait le chasser, ce cuisant souvenir :

La bougie est au terme et la bobèche éclate;

Mais il renaît toujours câlin comme une chatte.

XXIII

Il est là, près de vous, défaisant vos cheveux;

Et comme ce n'est plus qu'une ombre obéissante,

Vous mettez dans sa main votre main frémissante,

Dans ses yeux adorés vous plongez vos beaux yeux.

Le réel est absent et l'image est discrète :

Vous laissez sur son front se poser votre tête;

Tout dort, c'est sans danger que votre sein battra;

Et ces baisers secrets, nul ne les trahira.

XXIV

Et pendant ce temps-là le tison s'est fait cendre;

Le petit pied glacé frémit sous le satin;

Le coq a commencé sa chanson du matin;

Et vous en barbotant dans le fleuve de Tendre,

Sur le cadran d'émail regardant sans rien voir,

Caressant tour à tour la tristesse et l'espoir,

Vous avez oublié le temps et vos prières,

Et de plus l'insomnie a rougi vos paupières.

XXV

Déjà l'aube blanchit les fentes du volet;
On entend les sabots du marché qui s'éveille,
Sa foule qui murmure au loin comme une abeille;
La veilleuse, qui luit de son dernier reflet,
Crie en sentant le froid de l'eau, son ennemie,
Pareille à l'alcyon blessé qui voit la vie
Échapper à son aile, et tombe dans les flots
Sous le plomb meurtrier qui rit de ses sanglots.

XXVI

Et tout cela nous dit : Vous n'êtes que poussière.
Sous ton souffle mortel, froide réalité,
Le songe aux ailes d'or s'envole épouvanté.
Adieu le paradis, nous retombons sur terre;

Et vous sentez alors la fraîcheur de la nuit,

Qui sur l'épaule nue ou le bras qui frémit,

A posé son réseau de frissons et de glace,

Pendant que vos beaux yeux s'oubliaient dans l'espace.

XXVII

Vite vous vous levez, et passez votre main

Sur ce front trop rêveur où la fleur luit encore,

Comme pour en chasser l'ennui qui le dévore.

La parure est quittée et rentre dans l'écrin.

Adieu jusqu'à demain, cheveux de contrebande;

Feuillage, repentirs, il faut que tout descende,

Pour laisser un volume acceptable au chignon

Qui la nuit doit tenir sous un bonnet mignon.

XXVIII

Le corsage est défait, la taille se délace;

Libre enfin, la chemise a fait son nœud plus haut,
Mais non pas toutefois plus vite qu'il ne faut
Pour que votre œil ait pu caresser dans la glace,
Sous un cou qui se penche, un buste étincelant
Où s'attachent si bien des bras de satin blanc,
Où brillent des trésors dont rêvent mille drôles,
Et qu'on est convenu d'appeler les épaules.

XXIX

C'est ainsi qu'au milieu du plus affreux tourment
Un regard féminin trouve encore un sourire,
Et jette un peu de joie à son cœur qui soupire;
Trop fugitif éclair qui ne luit qu'un moment,
Qu'un reflet du cristal a fait passer dans l'ombre!
Doux rayon qui chatoie en un coin du ciel sombre,
Quand son voile de deuil daigne un peu s'entr'ouvrir
Pour qu'un lambeau d'azur puisse s'épanouir!

XXX

Bulle pleine de vent, papillon éphémère,
Fleur qui perd en un jour son éclat passager,
Feu follet sur la tourbe aimant à voltiger!
C'est en vain qu'avec lui le cœur cherche à se taire :
La nue est noire encor, si l'éclair est vermeil.
C'est en vain que les yeux appellent le sommeil,
Lorsque l'instant d'après, sous l'édredon de soie,
La jambe en frissonnant s'étend et se reploie.

XXXI

L'importune pensée est déjà de retour.
Irrité, le regard en se fermant la chasse :
Mais sur le sang qui bout l'épiderme est de glace;
Le cauchemar, sourire et larme tour à tour,

Est là qui vous étreint, vous suffoque, vous brise ;

Et lorsque, s'arrachant à l'infernale crise,

La poitrine en sanglots éclate librement,

Le rhume vient mêler la fièvre à son tourment.

XXXII

Quelle chute ! La veille un océan d'ivresse,

Le bal étincelant d'or, de soie et de feux,

Vingt danseurs s'arrachant un regard de vos yeux,

Des fleurs dans vos cheveux jouant avec vos tresses,

Des propos amoureux, un roman ébauché,

Un petit cœur qui bat sous le rire caché,

L'éventail qui frémit dans une main mignonne,

Et reprend aussitôt l'espérance qu'il donne !

XXXIII

L'ombre de Marivaux fait petiller l'esprit,

Y distille son miel mêlé de sel attique;

L'orchestre retentit, la valse lui réplique

Des mots entrecoupés que le regard finit.

Si quelque épaule est maigre et se creuse en salière,

Elle fait tout au moins scintiller la rivière.

A voir ce frais poëme où nul n'est soucieux,

La gaîté vient à l'âme et le sourire aux yeux.

XXXIV

Mais pour le lendemain c'est une autre guitare.

Un vieux docteur bourru gronde à votre chevet.

Sur ce front où naguère un beau songe rêvait,

Il met ses doigts osseux que nul joyau ne pare,

Veut, tout brûlant qu'il est, qu'on le recouvre encor

Et que le sinapisme au cou remplace l'or.

Au lieu du frais sorbet qu'on prend sur l'ottomane,

Il faut garder le lit et vivre de tisane.

XXXV

Je sais qu'on vous la sert sur un plateau d'argent
Avec une cuiller de vermeil à vos armes;
Qu'un petit air souffrant parfois n'est pas sans charmes,
Et qu'on peut le trouver même fort engageant;
Que rien n'est si joli qu'une tasse de Sèvres
Mêlant son bleu de ciel au rose de vos lèvres
Sur une main d'enfant, et des ongles nacrés,
Et de riches anneaux dont vos doigts sont parés.

XXXVI

Mais je sais bien aussi que dans votre breuvage
Il entre de la mauve et du coquelicot,
Et que l'apothicaire y parle son argot;
Qu'avec du bouillon-blanc, du lait, du tussilage,

De la bonne guimauve et puis du pied-de-chat,
Cette octave aura l'air d'un carafon d'orgeat.
Par bonheur il s'y trouve un peu de violette,
Et ma strophe finit sur un mot plus honnête;

XXXVII

Un nom même rempli de jeunesse et d'espoir,
Celui qui le premier s'inscrit sur la verdure
Quand l'essor printanier réveille la nature.
Il veut dire ciel bleu, tiède brise du soir,
Doux parfum, gai soleil à la crinière blonde;
Il désigne une fleur que chérit tout le monde,
Le boudoir d'Aubusson, de bronze et d'ébénier
Comme la pauvre chambre où couche l'ouvrier.

XXXVIII

Humble fille des bois, elle est sans amertume

Contre ses riches sœurs qu'on cultive au jardin

Et sur qui l'arrosoir jaillit soir et matin.

Elle n'exige rien de ceux qu'elle parfume,

Rien que d'être cueillie et de mourir pour eux.

Pour vivre, il lui suffit de l'eau pure des cieux,

Des rayons fécondants que le Très-Haut lui donne,

Et sa feuille verdit sans déranger personne.

XXXIX

Comme le vrai mérite, elle a peur de briller,

Et se cache dans l'ombre aux pieds de l'églantine,

Dérobant aux distraits sa tige sans épine.

Elle entend qu'on la cherche ; et le ton cavalier

Du coureur de trésors qui veut trouver sans peine,

Redressant jusqu'aux cieux sa tête souveraine,

Est sûr de rencontrer en elle un cœur trop haut,

Qui ne saurait marcher plus vite qu'il ne faut.

XL.

« Il peut aller cueillir la rose plus coquette,
Qui pour mieux attirer les passants met du fard,
Et ne craint pas autant de quêter un regard
En se tenant plus droite et portant haut la tête.
Moi, je préfère attendre, et peut-être mourir
Sans que des yeux amis aient su me voir fleurir.
Si dur que cela soit, avec une âme fière,
Il est moins douloureux encore de se taire. »

XLI.

Voilà ce que tu dis, toute gentille fleur,
Triste, mais ignorant que bien pis te menace :
Que quelque horrible main de vieille au doigt rapace
Au comptoir veut aller te vendre sans pudeur;

Qu'auprès du vil pavot, l'indigne pharmacie,
Dans sa serre étouffant alors ta poésie,
Osera t'enfouir au fond de son tiroir
Et sur ton beau matin mettre un si sombre soir.

XLII

Et tu permets cela, réalité de glace!
Que tout change, finisse et retourne au cercueil,
Qu'après le frais plaisir viennent les jours de deuil,
Que la jeunesse fuie et que le cœur s'efface,
C'est la loi du limon dont le monde est pétri :
Tout pampre verdoyant devient sarment flétri,
Toute rose se fane et toute feuille tombe.
Mais ne pourrais-tu donc t'attendrir sur la tombe?

XLIII

Tiens, vois ce que tu fais : la fleur vient de mourir;

La paix n'existe plus dans une pauvre tête

Qui n'était pas de force à braver la tempête ;

Toutes deux maintenant ne sont qu'un souvenir ;

Et ta main s'acharnant sur cette double cendre,

Tu veux jusqu'au néant la forcer à descendre,

Refuser aux tombeaux l'honneur qui leur est dû,

Insulter la fleur morte et le repos perdu.

XLIV

La pauvre femme en pleurs n'est pas assez punie :

Les sanglots de sa voix, le trouble de son cœur,

Les rêves agités dont son sommeil a peur,

Tout cela, ce n'est rien, s'il lui reste la vie,

L'éclat de ses vingt ans et l'espoir de guérir.

Implacable ! il te faut voir sa lèvre pâlir,

Son regard se cerner d'un bleu d'amer présage,

Et le marasme affreux creuser son frais visage.

XLV

Et la fleur du printemps, née avec le soleil,

Les prés, les papillons, le chant de la fauvette,

Les feuilles dont le bois se couronne la tête,

Le bourgeon qui plus tard se change en fruit vermeil,

Le blé vert qui sera tige féconde et haute,

Elle aussi, paraît-il, doit expier sa faute;

Et pour avoir pris part à ce passé si beau,

Sort navrant, la voilà qui bout sur un fourneau!

XLVI

Ne conclurons-nous pas de là que le plus sage,

C'est une bonne montre à la place du cœur?

Elle craint bien un peu le froid et la chaleur;

Mais elle a néanmoins cet immense avantage

Que l'aiguille obéit au maître redouté,
Qu'il peut en modérer la marche à volonté,
Et qu'il n'a qu'à pousser, pour la rendre moins lente,
Une pièce à pivot qui règle la détente.

XLVII

Fabriqué de la sorte, il est bien évident
Que vous ne voyez rien au monde comme un autre.
Une âme peut souffrir à côté de la vôtre,
Le chagrin torturer un frère moins prudent
Qui, prenant aux cheveux toute noble folie,
S'élance en téméraire au travers de la vie;
Le roi qui vous a fait duc et pair d'être vil,
Peut perdre sa couronne et mourir en exil.

XLVIII

Que vous importe, à vous qui n'en êtes pas cause?

Le tourne broche va; le feu flambe au foyer;
Vos plaines et vos bois regorgent de gibier;
Au fond d'un bon landau la vie est douce et rose;
Ni trop chaud ni trop froid, votre caveau voûté
Vous sert des vins à point l'hiver comme l'été;
Le Trésor vous sourit; ses coffres vous font fête;
Et mille complaisants chez vous courbent la tête.

XLIX

Le loisir est exquis dans un château princier
Bâti par un Valois, ou même un la Trémouille
Dont un neveu qui joue achève la dépouille.
Il ne reste avec lui plus rien de l'épicier
Ou du clerc d'avoué qui logeait aux mansardes.
Sous ses murs crénelés, dans la salle des gardes,
Les lambris sont si noirs et d'un chêne si vieux,
Que votre œil à la fin s'y trouve des aïeux.

L

Quand on peut se pâmer dans un si tiède songe,
Pourquoi donc le troubler d'inutiles tourments,
Et de sots rendez-vous qui quêtent des serments?
La banque va partout; l'amour est un mensonge
Qui, rose à la surface, au fond n'est que chagrin;
Puisque neuf fois sur dix il ne vit qu'un matin.
« Arrière, dites-vous, beau trompeur qu'on devine. »
Et vous voilà parlant la langue de Bettine.

LI

Car elle aussi ne veut que des jours faits de miel,
Des donjons Renaissance et des parcs à l'anglaise,
De bons meubles de soie où l'on rêve à son aise,
Des joyaux plus brillants que les astres du ciel,

Des coupés de Binder, et des chevaux de race
Faisant feu du sabot en dévorant l'espace,
Dignes de son hôtel entre cour et jardin,
Tout lambrissé de laque et tendu de satin.

LII

Elle aime les grands bois sillonnés d'avenues,
Baignés d'eau transparente où se mirent les cieux,
Les beaux perrons sculptés, les cygnes, les toits bleus
Et leurs quilles de fer qui poignardent les nues.
Elle a de gais amis, sa loge à l'Opéra,
Des chasseurs à plumets pour les jours de gala,
S'il faut d'une rivale éclipser l'étalage.
Déranger tout cela ce serait bien dommage.

LIII

C'est le premier des biens, de vivre sans souci.

Quand on aime quelqu'un, le chagrin vient si vite!
Le doute aux yeux chercheurs ne vous tient jamais quitte;
Un instant de retard vous fait croire à l'oubli;
La brise qui chuchote, un promeneur qui chante,
Une feuille, une mouche, un rien vous épouvante,
Vous qui prêtez l'oreille au seul bruit de ses pas...
Et le cherchez dans l'ombre, et ne l'y trouvez pas...

LIV

Puis que d'autres chagrins qui sont inévitables!
Combien de soupirants, tout feu le premier jour,
Sont d'infâmes lâcheurs s'excusant du retour!
Et comment deviner des projets si coupables?
Tandis qu'en se tenant bien chaudement chez soi,
Agrafant son corset sur un cœur sans émoi,
Tout à l'art de charmer et d'être la plus belle,
On décoche le dard aux têtes sans cervelle.

LV

Parfois même des gens fort graves y sont pris.
Quel fin régal alors pour votre âme de glace,
Qui sûre de l'acier dont brille sa cuirasse,
Sûre aussi d'un regard dont chacun est épris,
Voit tomber à ses pieds tous les traits qu'on lui lance!
Comme vous chantez bien cette vieille romance
Qui dit en chevrotant qu'il faut, même à la cour,
Pour se désennuyer un petit brin d'amour!

LVI

Et femme, vous savez vous y prendre à merveille
Dans l'art de taquiner les lèvres et le cœur.
Nouvelle chaque jour, vous montrez au danseur
Quelque chose de plus ou d'autre que la veille;

Et changer d'agrément est le plus sûr moyen
De se mettre à la joue une pointe de chien.
Tel insensible au bleu se pâme pour le rose;
Bettine avait cent fois pu constater la chose.

LVII

Aussi tantôt son front rayonnait de saphir,
Tantôt il demandait à la fleur sa parure.
Un jour son sein de lis riait sous la verdure,
Le lendemain, rêveur, il s'ornait d'un soupir :
Mais qu'il s'emprisonnât dans le sombre ou le tendre,
Il n'oubliait jamais le détour où nous prendre;
Qu'il s'armât de turquoise ou bien de diamant,
Il avait le secret d'être toujours charmant.

LVIII

J'estime la turquoise une pierre admirable.

Elle est douce au regard comme un beau ciel d'été.

Myosotis éternel par l'hiver respecté,

Qu'importe à son éclat le flot chargé de sable ?

Que lui fait l'ouragan ou l'aquilon brutal?

Débris du firmament oublié dans l'Oural,

Par ces longs mois de pluie où le soleil se cache,

Elle est un souvenir de son azur sans tache.

LIX

Elle parle de tout : du jardin qui fleurit,

De l'onde calme et pure où le gondolier chante,

De l'Arabe au désert, du croisé sous la tente,

De l'automne, et du pampre où la grappe mûrit.

Elle étale aux regards Naples, son flot superbe,

Et la lave à ses pieds venant mourir sur l'herbe,

Et ses bois d'orangers, et son peuple chanteur,

Qui jette à leur écho sa musique et son cœur.

LX

Sur les bords bienheureux où la sainte lumière,
Sous l'arbre met toujours l'ombre à côté du feu,
Et ne quitte jamais ce sol chéri de Dieu
Qui sous un jupon court montre sa jarretière,
Fait miroiter Grenade et ses yeux adorés,
L'Alhambra, l'eau limpide et ses beaux fruits dorés,
C'est elle encor qui luit à l'éternelle voûte,
Et dont l'astre du jour veut qu'on pave sa route.

LXI

C'est son reflet que prend le miroir clair du lac,
De la fraîche fontaine où le nénuphar brille,
Et de l'étang des bois où le poisson sautille,
Du fleuve nonchalant que traverse le bac

Avec son fol essaim de jeunes moissonneuses
Qui font retentir l'air de leurs chansons joyeuses
Auprès du beau berger suivi de son troupeau
Et regagnant aussi le chaume du hameau.

LXII

Mais ce n'est pas cela qui faisait que Bettine
Aimait le pur éclat de ce caillou divin.
Lorsque ses jolis doigts le sortaient de l'écrin,
Un sourire éveillait sa lèvre purpurine ;
Mais c'est qu'elle voyait dans ses beaux reflets bleus
Quelque chose allant bien à l'or de ses cheveux,
Sachant mieux arrêter les regards de Sulpice,
Détraquer le pauvre homme et le mettre au supplice.

LXIII

Sulpice est un monsieur qui parle toujours d'art.

Il a les longs cheveux du genre romantique,

Des pieds de mastodonte, un petit corps étique,

Une main de Prussien qui gante neuf un quart :

Mais il vend ses écrits aussi cher que possible ;

Sa muse exploite tout, rois, peuple, enfer et Bible ;

Sur toute idée en vogue, excellent financier,

Il empoche la prime et puis se fait baissier.

LXIV

On l'a vu tour à tour poëte, pair de France,

Député qui chantant la veille Charles Dix,

Flattait le lendemain les buveurs de trois-six.

Grand comme Jupiter et la foudre qu'il lance,

A ses pieds il écrase Empire et sénateurs,

Vieux trônes vermoulus, ministres imposteurs ;

Victime des tyrans, il a son Sainte-Hélène,

Mais il s'est bien gardé d'y mourir à la peine.

LXV

Il y vendait ses œufs cent fois leur pesant d'or,
Et l'aire de l'exil, pondeuse intarissable,
En faisait chaque jour aussi dru que du sable.
Si plus d'un éditeur en est malade encor,
Ma foi tant pis pour eux : qui s'y frotte s'y pique.
Qu'attendre des transports d'une muse publique?
Ses amants sont bien sûrs d'en être pour leurs frais,
Leur poche dégarnie et de cuisants regrets.

LXVI

Quant à l'heureux mortel qui, maître de sa lyre,
Sait en changer la note au gré du trois-pour-cent,
Et vendre la déesse aux désirs du passant,
C'est vraiment merveilleux tout l'argent qu'il en tire.

Aussi Bettine avait Sulpice en grand honneur ;
Le timbre de sa voix l'inondait de bonheur ;
Elle trouvait ses yeux pleins de charme et de vie,
Et son vieux front ridé beau comme le génie.

LXVII

Un soir ils étaient seuls, et Sulpice le Grand
Lui récitait des vers ruisselants d'antithèses.
Il avait fait cela sur de grises falaises,
L'œil perdu dans l'azur, au monde indifférent.
Foulant la jeune fleur du sentier séculaire,
Il disait à l'espace : « Où finis-tu, mystère? »
A la fleur : « N'es-tu pas l'âme des parias? »
Et Bettine écoutait tout ce galimatias.

LXVIII

Ce n'est pas qu'elle aimât beaucoup ces personnages

Qui, rasant leurs cheveux pour se faire un grand front,

Pensent que toute femme à leurs rimes se fond,

Que le monde pâlit sur leurs sublimes pages,

Que la terre avec eux finira de tourner,

Et qu'on doit pour leurs vers oublier son dîner :

Quand on se porte bien on tient plus à la vie,

Et c'est un maigre plat que l'aile du génie.

LXIX

Un membre de volaille ou de faisan truffé,

Avec du Chambertin ou bien du Léoville,

Tient le sang plus dispos et le cœur plus tranquille

Qu'un volume à l'index qui sent l'auto-da-fé;

Mais ce pauvre grand homme éprouvait tant de joie,

Quand ses yeux, se plissant d'ivresse en patte d'oie,

A ses alexandrins souriaient tendrement,

Et lançaient leur prunelle au bleu du firmament !

LXX

Il fallait bien un peu partager son extase,
Ne pas trouver affreux ce qu'il trouvait si beau.
Qu'il pleurât sur la rose ou le ver du tombeau,
Qu'il s'inondât d'eau pure ou se souillât de vase,
Tantôt nain repoussant, tantôt vierge à l'œil bleu,
Il savait, quoi qu'il fît, rester l'astre de feu
Et toujours amener Bettine à le comprendre ;
D'autant plus qu'elle avait une campagne à vendre :

LXXI

Un superbe château de neuf cent mille francs !
Elle en voulait tirer un tiers de bénéfice.
Comment faire avaler la pilule à Sulpice ?
Le cœur bat-il toujours avec des cheveux blancs ?

C'est à croire : on voit tant de femmes gens d'affaires,

Et les barbes maïs ont encore des pères.

Il était donc probable, à tout considérer,

Que Sulpice un beau jour viendrait se déclarer.

LXXII

Il avait déjà fait plusieurs fois pour Bettine

Des rondeaux moyen âge et de galants sonnets.

Elle mettait cela dans le nid aux secrets

En lançant à l'auteur une œillade assassine;

Sa voix balbutiait des mots reconnaissants

Au luth d'où s'exhalaient de si flatteurs accents;

Et sa main, trop souvent dédaigneuse et distraite,

Se crispait tendrement sur la main du poëte.

LXXIII

Vous jugez s'il rentrait à son aise chez lui!

Pauvre génie humain ! toi qui fais tant le sage,

Ni le monde rieur ni les glaces de l'âge

Ne pourront seulement t'épargner cet ennui

D'être grotesque et sot tout comme le vulgaire,

De sécher pour Bettine, à qui nul ne sait plaire,

Et de te voir un jour, la voix tendre et l'œil doux,

En lui baisant la main, tomber à deux genoux.

LXXIV

Mon Dieu, que Lovelace avec ses dents d'ivoire,

Ses habits de satin, sa perruque à frimas

Et l'escadron d'amours qui vole sur ses pas,

Que Lovelace jeune, au printemps de sa gloire,

Beau comme Antinoüs, fin comme Richelieu,

Incline jusqu'à terre un front de demi-dieu ;

Il a tant de souplesse et de désinvolture !

C'est un drôle charmant qui sauve la posture.

LXXV

Il a le pied cambré, des mollets d'Apollon,
Une main de prélat qui lance l'étincelle,
Du linge parfumé, des poignets de dentelle,
De la poudre aux cheveux et du rouge au talon ;
Il porte galamment une coquette épée
Que tache encor le sang de plus d'une équipée ;
Et puis ses beaux chevaux, sa jarretière d'or,
Sa couronne de comte et son manteau de lord !

LXXVI

Tout cela fait rêver les têtes féminines.
Mais Sulpice à genoux, quel tableau, juste ciel !
Sulpice bégayant des paroles de miel,
Ne parlant plus de lui, faisant de tendres mines,

Oubliant le public et la postérité

Pour rouler sur Bettine un gros œil hébété

Traduisant gauchement ce qu'il n'osait lui dire,

C'était, convenez-en, de quoi pouffer de rire.

LXXVII

Heureusement Bettine était femme de main.

Depuis le noir de jais jusqu'au rouge garance,

Elle avait si souvent berné chaque nuance,

Martyrisé le blond, détraqué le châtain

Et vu le poivre-et-sel lui chanter son délire ;

Elle en avait acquis sur elle tant d'empire,

Que Sulpice à ses pieds avec des cheveux blancs

Ne la troubla pas plus qu'un hussard de vingt ans.

LXXVIII

Elle trouva moyen de rester fille d'Ève.

Tout en le menaçant de ne plus le revoir,

Elle sut lui laisser une pointe d'espoir

Et ne pas l'éveiller tout à fait de son rêve.

Un peu d'étonnement, des reproches fort doux,

Quelques mots de pitié bien plus que de courroux,

Comme on en dit toujours en semblable matière,

Voilà tout le sermon qu'elle voulut lui faire :

LXXIX

« Que s'il n'était pas fou, ce serait sans pardon ;

Que nul n'avait osé lui parler de la sorte ;

Que c'était l'obliger à lui fermer sa porte,

A lui si raisonnable autrefois et si bon. »

Et puis elle ajoutait après un court silence :

« Qu'ai-je fait qu'un peu trop juger sur l'apparence?

Tout en vos procédés indiquait le respect,

Et je croyais pouvoir vous aimer sans regret.

LXXX

« Vous avez la raison et l'esprit en partage,
Un talent merveilleux qui parle à tous les cœurs;
En dépit des rivaux et des pamphlets moqueurs,
On s'arrache vos vers et vos pièces font rage.
Est-ce ma faute, à moi, si vous charmez si bien,
Si vous savez tirer des chefs-d'œuvre de rien,
Faire un palais de fleurs du chaume qui grelotte?
J'admirais tout cela comme une pauvre sotte.

LXXXI

« En suis-je assez punie? Et pourrai-je oublier
Que vous, vous m'avez crue à ce point méprisable,
D'écouter sans rougir un langage coupable?
Comme ami désormais je dois vous renier,

Si vous ne voulez pas à l'instant me promettre
D'étouffer tout espoir qui viendrait à renaître,
De ne rien exiger de moi, qui n'y peux mais,
Et de ne plus jamais recommencer, jamais! »

LXXXII

Quand de la tête aux pieds le sang bat la breloque,
Que diable voulez-vous qu'on réponde à cela ?
Comme il était venu Sulpice s'en alla.
C'est un malheur fréquent; et celui qui s'en moque,
Le fait le plus souvent pour mieux cacher le sien :
Un tison recouvert n'en brûle pas moins bien;
Et vous, monsieur, là-bas, qui tâchez de sourire,
C'est qu'à pareille épreuve il a pu vous en cuire.

LXXXIII

Le grand homme parti, Bettine se coucha.

Deux rideaux bien pesants tombaient sur la fenêtre ;

Un bon brasier faisait monter le thermomètre,

Qui marquait pour le moins quinze degrés déjà ;

Les draps étaient garnis d'un cruchon d'eau bouillante ;

La pendule de Boule à la voix claire et lente

Sur son timbre argentin avait sonné minuit ;

Et le vieil amoureux s'éloignait éconduit.

LXXXIV

Quel doux moment ! Combien le pied se sent renaître,

Quand il peut déchausser cet étroit brodequin

Qui sous les traits d'Agnès dissimule Scapin !

Bettine savoura longuement ce bien-être,

Et s'endormit enfin, le calme dans le cœur,

De ce sommeil égal, profond, réparateur,

Qui soupire sans bruit comme l'eau sur le sable,

Et que produit toujours un acte profitable.

LXXXV

Embellissez-le-lui, songes consolateurs,
Et faites chatoyer sous ses longues paupières
La rente, les chemins, les valeurs étrangères.
Montrez-lui des rubis, des dentelles, des fleurs,
Des tapis du Levant, des tableaux de grands maîtres,
Les Gobelins pendus à ses hautes fenêtres,
L'Olympe déroulant ses fresques aux plafonds
Sur les mille amoureux dont grouillent ses salons.

LXXXVI

De son côté Sulpice ira chanter victoire,
Faire entendre qu'on pense à le favoriser,
Qu'on lui permet déjà l'espoir et le baiser.
Bien des gens tout d'abord n'oseront pas y croire;

Mais quel est le sot bruit qui s'arrête en chemin?
D'autant que l'air froissé de Max et de Germain,
Qui prétendent tous deux ne plus aimer Bettine,
Indiquera du doigt ce qu'il faut qu'on devine.

LXXXVII

Et le premier pas fait, chacun de renchérir.
« Oui, diront les amis, c'est le vieux qui l'emporte.
Pauvre Germain! et Max! tous les deux à la porte! »
Les rivaux d'autrefois en riront à mourir;
Ils en bavarderont dans leurs douces familles.
Et puis entendez-vous le chœur des vieilles filles,
Qui trépigne de joie et se frotte les mains
De se sentir vengé par des yeux inhumains?

LXXXVIII

Elles ont tant souffert et subi tant de luttes!

Il leur est bien permis d'un peu se soulager.
C'est si doux d'assouvir sa haine sans danger,
Et de voir aboutir aux plus cruelles chutes
Ces hommes sans pitié, sans entrailles, sans cœur,
Qui n'ont jamais compris un mot du pur bonheur,
De ces chastes amours et de ces saintes âmes
Qui rêvent un domaine en retour de leurs flammes !

LXXXIX

Laissons-les donc gémir des torts du sexe laid,
Pleurer le temps passé, les châteaux en Espagne,
Ces rêves enivrants qui battaient la campagne
Dans les sentiers perdus du bel âge où tout plaît ;
Laissons-les regretter les senteurs éphémères,
Les roses d'un matin dont souriaient leurs mères
En pensant aux retours de leur perfide jeu :
Et pendant ce temps-là nous soufflerons un peu.

XC

Car nous avons vraiment marché d'un train de poste.
J'entends de braves gens qui prétendent que non ;
Que nous sommes toqués et mûrs pour Charenton ;
Qu'ils en ont par milliers des preuves sans riposte ;
Que nous parlons de tout sans conclure jamais,
Passant à tout propos de la hutte au palais,
Et faisant galoper Pégase à coups de lyre
De l'azur à l'asphalte et des pleurs au sourire.

XCI

Hélas ! Le vieux coursier est mort depuis longtemps,
Et l'instrument d'Homère est désormais sans cordes.
C'est la Bourse aujourd'hui qui chante nos discordes
Avec ses coulissiers et ses soixante agents.

Me voilà tout comme eux piétinant le bitume;
Je dois mêler la Muse à la foule qui fume,
Sur un pavé rugueux qui lui blesse le pied :
Soyez donc indulgents pour mon triste métier.

XCII

Si parfois je rencontre une fleur sur ma route,
Pour ma pauvre malade il faut bien la cueillir.
C'est pour son cœur, qui saigne, un si doux souvenir !
C'est l'Hymette au miel pur ; c'est la chèvre qui broute
Sur de riants coteaux que couvre l'églantier;
C'est la chanson qui part des ronces du sentier ;
C'est l'écho du passé, frais comme une espérance ;
C'est son beau soleil grec qu'elle retrouve en France.

XCIII

Laissez-la contempler ce lambeau d'autrefois ;

Un instant de repos rend un peu de courage :
Défendez-vous la source à l'Arabe en voyage ?
Quand, au désert brûlant livré pour de longs mois,
Sur Médine il lui faut guider sa caravane,
L'étoile du Très-Haut, qui sur lui du ciel plane,
Comme un enfant perdu, le prenant par la main,
Sur le sable muet lui trace son chemin.

XCIV

Toutefois s'il découvre un bouquet de verdure,
Il fait faire aussitôt halte à ses chameliers ;
Tout le monde s'assoit à l'ombre des palmiers :
Il s'y trouve des fruits, de l'herbe, de l'eau pure,
Un repos bienfaisant que chacun goûte en paix,
Heureux de respirer quelques jours l'air plus frais.
Mais si de temps en temps le pèlerin s'arrête,
Il n'en pense pas moins au tombeau du Prophète.

XCV

C'est là qu'il veut prier le Dieu de Mahomet,
Et sur le saint Coran poser sa lèvre ardente.
Qu'importe qu'il s'endorme un instant sous la tente?
Il sait le but sacré que son cœur se promet,
Il y pense sans cesse, et tout le lui rappelle;
Il sait que son cheval a des pieds de gazelle,
Et qu'il retrouvera toujours au firmament
La lueur tutélaire oubliée un moment.

XCVI

Cette fraîche oasis de la foi musulmane,
J'admets que le turban la défende au chrétien,
Que son culte de fer m'en chasse comme un chien
Et n'y laisse jamais pénétrer un profane.

Mais quoi ! le vieux Paris, comme moi baptisé,
Du sourire français se dirait offensé !
Il n'excuserait pas un conteur qui s'oublie,
Lui le boulevardier qui vit de flânerie !

XCVII

Lui l'éternel coureur d'Auteuil et de Longchamps,
Et qui soir et matin, plantant là sa besogne,
Fait seller son pur-sang et s'envole à Boulogne !
Lui qui mange son bien et gaspille son temps :
Brocanteur de tableaux et faiseur de fredaines,
Dénicheur de bahuts, d'émaux, de porcelaines,
Et, contraste bizarre, aimant tout à la fois
Les vieux bronzes fanés et les jeunes minois !

XCVIII

Lui tour à tour badin, triste, frivole, austère,

Balayeur le matin et chiffonnier le soir,

Tantôt contant fleurette au loup de satin noir,

Tantôt l'abandonnant pour prendre l'aumônière

Et s'en aller quêter à Saint-Thomas-d'Aquin!

Plaisanter, ainsi fait, mon habit d'arlequin,

C'est rire des frileux, sous un manteau de loutre,

C'est me montrer ma paille et ne pas voir sa poutre.

XCIX

Ce fétu bienfaisant qui nous tient l'œil ouvert,

Est-il si douloureux qu'il faille le maudire?

Je n'en donnerais pas ma part pour un empire :

Pour moi c'est le palmier que Dieu jette au désert.

Du pauvre cœur humain foulant le sol aride,

De son sable mouvant je sens frémir le vide;

Sous ses dehors trompeurs qui n'avertissent pas,

Le gouffre du dégoût s'entrouvre à chaque pas.

C

S'il vient à menacer mes compagnons de route,
Je fais appel à tout : aux jardins comme aux bois,
Au chaume du berger comme au palais des rois,
Au velours du gazon, au repos qu'on y goûte,
Au frais gazouillement de l'oiseau printanier
Qui chante ses amours au buisson du sentier.
C'est l'azur qui renaît au milieu de l'orage,
Et son beau regard bleu fait reprendre courage.

CI

Bien loin de dénigrer cette manne du ciel,
Bénissons-la plutôt comme une providence,
Comme un baume divin qui calme la souffrance.
Sous le calice amer c'est un rayon de miel;

C'est le nectar si doux, c'est la pure ambroisie
Mêlant à notre fange un peu de poésie;
C'est la source féconde où l'espoir monte au cœur,
Où le monde renaît, comme au sang du Sauveur.

CII

A nous donc, vastes cieux, prés fleuris, verts feuillages,
Astres qui scintillez dans l'azur éternel,
Gais chasseurs sillonnant les bois du vieux castel
Et couvrant d'habits noirs vos plaisirs de sauvages!
A nous, gorge des chiens, trompe aux accents guerriers!
Que le *sport* avec vous chausse ses étriers!
Qu'il se casse les reins, qu'il s'enfonce des côtes!
Qu'importent les ravins, les barrières trop hautes?

CIII

Alerte! le temps fuit, le cerf est aux abois.

En avant, *gentlemen;* dehors, couteaux de chasse;

Purs-sangs, brûlez le sol et dévorez l'espace.

Entendez-vous au loin la meute aux mille voix?

Et puis dans son landau Bettine vous regarde.

Riant des maladroits dont la montre retarde,

Elle applaudit toujours le hardi cavalier

Qui, pour daguer la bête, arrive le premier.

CIV

Et pas un seul de vous ne voudrait lui déplaire.

Un regard de ses yeux ferait mille jaloux :

Sur ses lèvres en fleur son sourire est si doux!

Vous prétendez, monsieur, que son cœur est de pierre,

Mais quand elle paraît vous êtes un mouton

Qui, craintif et soumis, change aussitôt de ton.

A peine avez-vous vu sa bouche de grenade,

Que pour parlementer vous sonnez la chamade.

CV

Ne faites donc jamais le bravache et le fier.
Tantôt sceptre brillant, tantôt gouffre de fange,
La Gaule est le climat chéri du vent qui change.
Nous brûlons aujourd'hui notre idole d'hier,
Mais dès le lendemain nous ranimons sa cendre :
La flamme mord si peu sur une salamandre !
Bettine sait si bien, sous ses longs cheveux d'or,
Qu'à ses pieds ses beaux yeux vous reverront encor !

CVI

Son regard de velours est si certain de plaire !
Déjà Max et Germain sont revenus la voir,
Et Sulpice inquiet s'est mis un toupet noir.
Trois rivaux sur les bras, c'est une grosse affaire.

Vont-ils se quereller et se prendre au collet?

Ce serait assez sot puisque aucun ne lui plaît;

Mais le cœur ne voit goutte aux chagrins qu'il se forge,

Et souvent pour bien moins on se coupe la gorge.

CVII

Attendons-nous à tout. La poudre est près du feu :

Le bouquet va partir, n'en doutez pas, madame;

Mais Bettine saura se garer de la flamme,

Et tirer finement son épingle du jeu

Sans même recevoir une seule étincelle.

Pour ne pas se brûler, comment s'y prendra-t-elle?

C'est ce que vous verrez dans plusieurs autres chants

Que j'écrirai, bien sûr, si j'en trouve le temps.

BOITE A MUSIQUE

www.ingramcontent.com/pod-product-compliance
Lightning Source LLC
LaVergne TN
LVHW051455090426
835512LV00010B/2161